AF397863

Kustantaja: BoD - Books on Demand, Helsinki, Suomi

Valmistaja: BoD - Books on Demand, Norderstedt, Saksa

ISBN: 978-952-80-7144-0

KASPAR HAUSER

RUNOJA

Keittiöstä juoksee vastaan
aborttilapsi.

Olet jokainen lapsi.

8

Ja se mitä on

kun sitä ei ole.

Olit lapsi niin kuin
vain voi olla

jonkun
toisen lapsi.

Miten niin pieni voi
tuoda niin suuren surun.

Hänellä on sinun silmäsi.

Sinut vaihdettiin toiseen
jotta et olisi
kuten lapset ovat.
Olit imperfekti.

Likainen lapsi
mutta pesty.

2000-luvulla sinun
sänkysi yläpuolella
olisi mobileteline.

Sinua kuritettiin.
Niin tahtoi Jumala
mutta millainen Jumala.

Miten pienet jalat
ja kädet.

Et päässyt koskaan

syliin.

Sinut hylättiin.

Perhe piti tässäkin yhtä.

Elit lukittuna kellarissa
jossa pimeäkin niin
ettei sille mikään riitä.

Tahdoit lyödä näyteikkunan rikki.

Sinut on ravittu kaikella sillä
mitä et olisi tarvinnut.

Vesi ja leipä ovat vertauskuvia.

Sentään Hämähäkki
joka kehrää mielenkiintoa
verkkoonsa.

Kellarissa kävit nukkumaan
karhunraudoissa.
Määrätön suru takertui pitkiin
hiuksiisi.

Valo on pieniä muurahaisia
maata pitkin
ulos asti.

Se mikä lämmitti
ei ollut lämpöä.

Siltä piti piiloutua.
Rikotun sydämen aikamuodolta.

Rakkaudesta sinä
et tiennyt mitään.
Useimmat eivät tiedä

mitä me olemme
toinen toisillemme.

Se miksi voisit tulla
rakastettuna
Silmät jotka näet peilistä
voisivat olla äitisi silmät.

Se miten opit syömään
ja sylkemään.
Puhumaan ja pukemaan.
Anna olla viimeinen kerta!

Unelmista voivat iloita
vain ne
joilla on unelmia.
Kaikki käy yhä
pienemmäksi kuin
tämä huone.

Joka on kuviteltava
suureksi.

Kunpa surusi ja pimeytesi
välissä olisi ollut muutakin
kuin lukittu ovi.

Kunpa ovi olisi ottanut
muutaman niistä
iskuista.

Kaksi puista lelua
jotka eivät koskaan
kasvaneet aikuisiksi.

Unohtamisella selitetään
niin paljon.

Et voinut estää särkymistäsi.
Kulunut vaate piti sinut koossa.

Kuvitellaan että et
tunne kipua.
Että voisit unohtaa mitä vaan.

Katkeruus sellaista
ettei tiedä mitä tehdä sillä.

Kipu josta muistaisit
millaista on olla
lapsi.

Unohtaisit äitisi
ja tulisit löydetyksi.

Ehkä kyyneleet saavat
jonkun ohikulkijan pysähtymään
ja kysymään
onko jokin hätänä.
Tai ajatus itsemurhasta.

Kunpa olisi ollut
jokin tilanteeseen sopiva
hyväilyn kaltainen.

Ahtaiden tilojen välissä
jokin joka ei pelota.
Äänet ulkopuolella.
Aina on toivoa.

Silloin kun itkit
kaikki kävi yhä
surullisemmaksi

kuten sulanut lumi.

Väkivalta rakensi sinut niin
että sinua on vaikea purkaa.

Kivikova maa vuoteena.

Miten siinä voisi
uneksia mistään
riittävän pehmeästä.

Vaadit mahdotonta.
Kuten isän ja äidin.

Kirjeet jotka olivat mukanasi
kertoivat sinusta.
Niistä ei ollut tarkoitus saada
selvää.

Olit lapsi lapsena.

Rikkaruohojen murhe

silittäisi otsaasi.

Opit että rakkaus mahtuu

suljettuun tilaan.

Eikä kukaan toivo sitä.

Aika avatun ja suljetun
oven välillä.
Kohoavan lyönnin ja
osuman välillä.

Ulkopuolella jotain
pelottavan
tuntematonta.
Johon haluaa uskoa
ei olisikaan siellä.

Lapsuus on

tottumiskysymys.

Syvä kuin viilto

puuveturissa.

Jokin korkeampi voima
saattoi olla mutta
palasina.

Sinä jäät ilman perintöä.
Testamentti on
kiiltokuvia

tarrakirja.

Se että joku tahtoo
antaa sinulle kaiken
ei tiedä miten vähän
se on.

Kuusitoistavuotias

joka pitää iltasaduista.

200 vuotta on kulunut
ja vieläkin löydän hiuksiasi.

Se mikä on pantu piiloon

ei säily salassa.

Nuppineulalla lävistetty perhonen.

Olit ainoa joka tiesi.

Ei sinua voitu
kahta kertaa surmata.
Nyt olet olevinasi tässä.

Hiljaisuus on lohtu.

Elit sitä varten

että et eläisi.

Kiukuttelet

kysyt onko se

sopivaa kukille?

Kukaan ei voinut elää
puolestasi.
Puolestasi kuolla.
Söit sen mitä
meiltä jäi lautaselle.

Se mitä toivoit ja mitä on
eikä niiden välissä pitänyt
olla ristiriitoja.

Se millainen unissa olit
et halunnut olla.

Bussit tulevat ja menevät.
Ihan kuin mitään ei olisi
tapahtunut.

Välillä käyt hiljaisuutena oksilla.

Tahdon nähdä hänet miten kuva hänet
näkee.Valokuvaajan kanssa riitelemme.Hän
on sitä mieltä, että kirjoitettu selittää mitä
kuvan ei tarvitse.Kuva on hiljaa, vaikka
puhuu.Sana ja ajatus taas muuttuvat kuvaksi
selittämättä, hiljaisuudesta.Nämä kaksi ovat
toistensa vastakohdat, mutta tarvitsevat
toisiaan.Ovat erottamattomat.Kumpikin
lainaa olemassaolon ja olemattomuuden
mysteereistä, tulevaisuudelta sen, jonka ovat
ihmisille velkaa.Elämän ja kuoleman suuren
mysteerin.Sen mitä me olemme niiden
kahden välissä.

Taide ei ole ikuista.Siihen kyllästyy.Siitä tulee itsestäänselvyys.Kuvasta, jonka kanssa asuu 30. vuotta.Edes vieraat eivät sitä enää huomioi, kun ovat monta kertaa käyneet kylässä.Kuvasta täytyy päästää irti, että sen voi löytää uudelleen.Se on vietävä kauas kasvamaan.Kuten lapsen, joka muuttaa pois kotoa.Uudelleennäkeminen herättää kuvan taas henkiin.Sen näkee toisin.Kypsyneenä.Kasvaneena.Omana itsenäisenä yksilönään.Itsenäisenä kokonaisuutena, joka ei ole enää tekijästään riippuvainen.Sitä ei enää tarvitse yrittää muuttaa, parantaa.Sen kauneuden ymmärtää vasta oltuaan siitä erossa.Sen miten merkittävä se on omana itsenään.